LETTRES

D'UN HABITANT

DE GENEVE

A

SES CONTEMPORAINS.

Claude-Henri de St-Simon

LETTRES

D'UN HABITANT

DE GENÈVE

A

SES CONTEMPORAINS.

PRÉMIÈRE LETTRE.

JE ne suis plus jeune, j'ai observé et réfléchi avec beaucoup d'activité durant toute ma vie, et votre bonheur a été le but de mes travaux : j'ai conçu un projet qui me paroît pouvoir vous être utile, je vais vous le présenter.

Ouvrez une souscription devant le tombeau de Newton ; souscrivez tous indistinctement pour la somme que vous voudrez.

Que chaque souscripteur nomme trois mathématiciens , trois physiciens , trois chimistes , trois physiologistes , trois littérateurs , trois peintres , trois musiciens.

Renouvellez tous les ans la souscription ainsi que la nomination , mais laissez à chacun la liberté illimitée de renommer les mêmes personnes.

Partagez le produit de la souscription entre les trois mathématiciens , les trois physiciens etc. qui auront obtenu le plus de voix.

Priez le président de la société

royale de Londres de recevoir les souscriptions de cette année.

L'année prochaine et les suivantes, chargez de cette honorable fonction la personne qui aura fait la plus forte souscription.

Exigez de ceux que vous nommerez qu'ils ne reçoivent ni places, ni honneurs, ni argent d'aucune fraction de vous, mais laissez-les individuellement les maîtres absolus d'employer leurs forces de la manière qu'ils voudront.

Les hommes de génie jouiront alors d'une récompense digne d'eux et de vous ; cette récompense les placera dans la seule position qui puisse leur fournir les moyens de vous rendre tous les services dont ils seront capables ; elle devien-

A 3

dra le but d'ambition des ames les plus énergiques, ce qui les détournera des directions nuisibles à votre tranquillité. Par cette mesure enfin, vous donnerez des chefs à ceux qui travaillent aux progrès de vos lumières, vous investirez ces chefs d'une immense considération et vous mettrez une grande force pécuniaire à leur disposition.

J'AI lu le projet que je viens de vous présenter à un de mes amis qui est homme de bon sens, je vais le prier de mettre par écrit ce qu'il en pense, et je vous communiquerai son opinion; cette marche, mes chers contemporains, me paroît la meilleure que je puisse suivre pour vous faciliter l'examen de cette idée.

OPINION

DE MON AMI.

Vous m'avez prié de vous faire part de mes réflexions sur le projet que vous m'avez communiqué ; je vais le faire avec d'autant plus de plaisir que la pureté de l'ame de son auteur frappe le lecteur attentif ; que l'intention est sublime , et qu'elle doit trouver un accueil favorable auprès de tout être sensible et pensant : enfin l'auteur desire le bonheur de l'humanité , il y travaille , je l'aime.

Ses idées sont aussi neuves que philantropiques ; c'est avec raison qu'il considère les hommes de génie comme les flambeaux qui éclairent l'humanité , les gouvernans aussi bien que les gouvernés ; et

A 4

c'est par un principe de justice bien raisonné , qu'il engage l'humanité à agir collectivement pour les récompenser. Son projet sous un autre rapport est également bon ; on voit que l'humanité agissant collectivement pour récompenser les hommes de génie , les détournera de s'occuper des intérêts particuliers de la fraction d'elle , qui en les récompensant , paralyse une partie de leurs forces.

Ce projet crée des places plus belles que toutes celles qui ont existé jusqu'à présent, places qui élèveront l'homme de génie à son rang, c'est-à-dire au-dessus de tous les autres hommes , même de ceux qui sont revêtus de la plus grande autorité : A la vue de ces places le génie sera stimulé , il y aura enfin des prix dignes de l'amour de la gloire, de cette passion qui fait supporter sans peine les fatigues de l'étude et de la profonde méditation, qui donne la constance nécessaire pour s'illustrer dans les sciences et dans les arts.

Chez l'homme de génie l'intérêt personnel est bien puissant, mais l'amour de l'humanité est aussi capable de lui faire enfanter des prodiges. Quelle est belle l'occupation de travailler au bien de l'humanité ! Quel but auguste ! L'homme a-t-il un moyen de se rapprocher davantage de la Divinité ? Dans cette direction il trouve en lui-même de puissans dédommagemens des peines qu'on lui fait éprouver.

Si je compare le poste élevé où l'humanité placeroit l'homme de génie à un fauteuil académique, je remarque que l'élu de l'humanité se trouvera dans une situation bien plus avantageuse que l'académicien , il jouira de la plus parfaite indépendance, et pourra développer toute l'énergie de ses forces , sans qu'elles soient arrêtées par aucune considération particulière; aucun faux ménagement ne pourra ralentir la marche de son génie , ni entraver ses travaux et son bonheur ; pour se maintenir dans la place qu'il aura obtenu , il s'enflammera , il verra d'un œil inquiet les travaux de ses prédécesseurs , il voudra les surpasser, abandonner les sentiers battus pour en frayer de nouveaux ; son enthousiasme gagnera de proche en proche, et il arrivera au véritable but , celui de faire faire des progrès à l'esprit humain.

Telle sera la route que suivra le

génie quand il sera placé dans une position indépendante , tandis que l'esprit académique continuera à en suivre une contraire ; il tendra toujours à conserver les opinions qu'il a admises , se regardant comme le dépositaire de la vérité , il attaqueroit lui-même sa prétendue infaillibilité s'il changeoit d'opinion. Il continuera à crier à l'hérésie et à devenir intolérant , plutôt que de faire un pas rétrograde au profit des lumières et du bonheur de l'humanité. Avec quel acharnement les académies ont persécuté les hommes de génie quand ils ont combattu leurs opinions ! Observez la marche qu'a suivi l'esprit académique : vous verrez comme il a été fier et rampant , avec quelle adresse il a étouffé les débats qui pouvoient éclairer l'humanité , toutes les fois qu'ils ont pu nuire à sa propre existence ; cela est provenu de deux causes, l'une que les académiciens sont nommés à vie, l'autre qu'ils sont dans la dépendance du gouvernement.

Parcourez l'histoire des progrès de l'esprit humain, vous verrez que presque tous ses chefs - d'œuvre sont dus à des hommes isolés, souvent persécutés. Quand on en a fait des académiciens, ils se sont presque toujours endormi dans leurs fauteuils, et quand ils ont écrit, ce n'a été qu'en tremblant et pour produire de foibles vérités. L'indépendance peut seule alimenter l'amour de l'humanité et le desir de la gloire, qui sont les deux puissans moteurs agissants sur l'homme de génie. L'académicien étant esclave, est-il étonnant qu'il ne produise rien ? Tout esclave qu'il est, il se croit au comble de la gloire, il craint de descendre, et voilà précisément ce qui l'empêche de monter.

Si je jette un coup-d'œil sur l'histoire des académies, je vois qu'en Angleterre il n'y a point eu d'académie, et seulement deux sociétés qui ont eu quelque rapport avec les institutions académiques, tandis qu'elles fourmillent dans les monarchies et même dans les états livrés à la superstition et à l'ignorance. Cependant quelle contrée a produit plus de grands hommes dans tous les genres ? Où a-t-on découvert plus de vérités ? Où les a-t-on publié plus courageusement, adopté plus promptement ? Où a-t-on récompensé plus généreusement les auteurs des découvertes utiles ? Dans cette île l'amour de la liberté corporelle, et l'indépendance dans les opinions, ont dû faire mépriser et exclure les académies ; comme citoyen, l'Anglais sent la dignité de son être ; comme savant il rougiroit de se prostituer auprès de l'homme puissant, et de faire partie d'un corps qui n'existe que sous sa protection.

Le despotique Richelieu fut le fondateur de la première académie en France, il vit que l'espoir des médailles et des fauteuils enchaîneroit l'écrivain, que l'administration s'en serviroit pour répandre des principes favorables à ses vues, qu'elle maîtriseroit ainsi l'opinion publique, et qu'elle feroit des académies autant de ressorts cachés de son despotisme ; aussi l'événement justifia-t-il les vues du ministre dominateur ; cette première, cette mère académie en enfanta cent autres dont les efforts n'ont pu élever la France au niveau de l'Angleterre. L'Italie regorge d'académies et compte fort peu de savants ; on y distribue force brevets de tripots littéraires ; les hommes n'en sont ni meilleurs, ni plus éclairés : Si elle supprimoit toutes ses académies, peut-être le génie prendroit-il chez elle plus d'essort.

Je ne puis cependant m'empêcher de convenir que les académies ont été de quelque utilité, que leur établissement, tout imparfait qu'il est, n'ait produit quelque avantage aux sciences et aux arts ; je reconnois aussi qu'il s'est trouvé quel-

ques académiciens qui ont conservé
de l'énergie ; mais le mode académique est trop en arrière des
vues philosophiques actuelles, pour
qu'on doive le conserver plus long-
tems ; la marche de l'esprit humain
devenue plus hardie, me paroît rendre possible l'abolition entière des
e raves de toute espèce qu'éprou-
vent les académies même les plus sa-
vantes. L'humanité ne doit pas per-
dre de vue qu'elle doit récompenser
les hommes qui lui servent de flambeaux, et qu'elle doit collectivement récompenser ceux de ces flambeaux qui sont assez lumineux pour
éclairer toute la terre. C'est le
seul moyen qu'elle ait d'empêcher
qu'une partie de leur force ne soit
employée au service des intérêts
particuliers de la fraction d'elle qui
les récompenseroit, emploi de leurs

forces qui n'a pas seulement l'inconvénient de borner leurs vues, mais qui en fait de bas adulateurs, de fades complaisans, qui leur inspire un esprit de rivalité, et d'injustes préventions pour tous les autres corps qui font des découvertes utiles, et qu'on abandonne souvent à leur naissance par la crainte de la critique et de la persécution des jaloux.

Le projet me frappe sous un autre rapport bien capital. Que d'obstacles n'ont pas eu à surmonter jusqu'à présent les hommes de génie ! Presque toujours dans leur début ils sont détournés des idées capitales par des occupations auxquelles ils sont obligés de se livrer pour fournir à leurs subsistance. Que d'expériences, que de voyages nécessaires au développement

de leurs vues leur ont manqué !
Dans combien d'occasions ils ont
été privés de colloborateurs dont
ils auroient eu besoin pour donner
à leurs travaux toute l'extension
dont ils auroient été susceptibles !
Que de conceptions heureuses avor-
tées pour n'avoir pas été vivifiées
par des secours, des encourage-
mens et des récompenses !

Et si, malgré toutes ces difficul-
tés, quelques hommes de génie
sont parvenus à se faire connoître
et à obtenir une récompense, cette
récompense a toujours été insuffi-
sante pour fournir d'une manière
large aux frais de leurs travaux,
pour encourager les jeunes gens
auxquels ils trouvent des dispositions heureuses, et pour fournir
à leurs besoins quand ils n'ont

pas de fortune. L'homme de génie est seul propre à découvrir les premiers germes, à les développer et à leur administrer judicieusement les secours dont ils peuvent avoir besoin.

La place, ou la récompense qu'obtient l'homme de génie, lui donne presque toujours des fonctions à remplir, qui le détournent plus ou moins de ses travaux, elle le fixe dans un lieu, et l'empêche par conséquent de se transporter pour voir les choses ou les hommes qui pourroient devenir l'occasion de faire de nouvelles découvertes : L'inconstance du Gouvernement dont il reçoit la récompense lui laisse de l'inquiétude pour son avenir, elle le force souvent à faire des démarches pour maintenir sa place, et pour se maintenir dans sa place; et malgré toute sa prévoyance, souvent une guerre ou quelque dérangement dans les finances amène la suppression de ses honoraires, ou du moins la suspension de leur payement.

Enfin, l'homme de génie, qui pour ses travaux auroit besoin de l'indépendance la plus absolue, est toujours plus ou moins dépendant du gouvernement qui le récompense; il faut qu'il en adopte l'esprit, qu'il s'assujétisse aux formes et aux usages qu'il consacre, qu'il pense pour ainsi dire secondairement, au lieu de lancer avec hardiesse les traits de son imagination; il faut qu'il combine timidement les moyens de produire ses idées au grand jour, et il finit par se montrer bien moins ce qu'il est,

que ce que l'on veut qu'il paroisse ;
en un mot on lui fait payer bien cher
la mesquine récompense qu'on lui
a accordée.

Quant à l'homme de génie qui
consent à recevoir des bienfaits particuliers d'un gouvernant , ou de
tout autre individu , sa position est
encore bien plus fâcheuse par l'avi-
lissement dans lequel il se laisse
tomber.

Si l'on examine attentivement
les idées qui guident les gouvernemens dans toutes les directions
particulières d'administration , on
verra qu'elles ont toutes été trouvées
par des hommes de génie : Les hommes de génie éclairent donc les
gouvernans aussi bien que les gouvernés.

Je conviens que souvent les découvertes des hommes de génie n'ont pas pu être utilisées à leur naissance ; mais en admettant que leurs découvertes ne soient utiles qu'à la génération qui les suit , est-ce une raison pour que celle dans laquelle ils vivent , ne les récompense point ? Et l'humanité continuera-t-elle à laisser en souffrance , ou au moins dans une position inconvenante , des hommes qu'elle s'empresse de déifier après leur mort ?

Si à cet égard il n'arrivoit pas de grands changemens , il seroit faux que l'esprit humain fît des progrès.

Chez les nations instruites , les hommes de tout âge font des plantations , tandis que chez les nations ignorantes , (chez les Turcs , par exemple,) on coupe et on ne plante point : L'arbre planté par le vieillard généreux , lui fait éprouver plus de jouissance qu'il n'en procure à celui qui le coupe pour en tirer le produit.

Quoi de plus beau , de plus digne de l'homme , que de diriger ses passions vers le but unique de l'augmentation de ses lumières, Heureux momens que ceux où l'ambition ne voyant de grandeur et de gloire que dans l'acquisition de nouvelles connoissances , laissera ces sources impures où elle cherchoit à appaiser sa soif : Sources de misères et d'orgueil , qui servoient à désaltérer des ignorans , des héros , des conquérans , des dévas-

tateurs de l'espèce humaine! Vous
tarirez par abandon, et vos filtres
n'enivreront plus ces superbes mor-
tels. Plus d'honneur pour les Ale-
xandre : vivent les Archimède !

Mon ami, quelle époque plus
favorable pour produire le projet
que vous me communiquez, que
celle où le génie engagé dans une
lutte avec le despotisme, appelle
tous les philantropes à son secours !
Dans la génération qui a pris son
développement depuis le commencement de cette lutte, le nombre des
otomattes est sensiblement diminué ;
le projet sera entendu par beaucoup
de monde, le règne des lumières
approche ; tout homme intelligent,
qui a un œil fixé sur le passé et un
autre sur l'avenir, en est convaincu.

Le

Le projet contient une idée élémentaire qui pourra servir de base à une organisation générale ; ainsi il présente à l'humanité une conception qui lui fera monter sans danger un échelon de plus en abstraction. (1)

Qu'il est heureux que le tombeau de Newton, ce lieu de réunion, se trouve en Angleterre, cette contrée qui a été constamment le refuge des

---

(1) Si l'abbé de St. Pierre avoit conçu cet établissement et qu'il l'eût indiqué comme moyen d'exécution, on n'auroit pas traité de rêveries ses idées de paix générale.

Autre réflexion : Cette conception donne la solution d'un problême qui de tout temps a été un objet de recherches pour les moralistes; *Mettre un homme dans une position telle que son intérêt personnel, et l'intérêt général se trouvent constamment dans la même direction.*

B

hommes de génie, et des savans persécutés chez les autres nations ! ce pays dont les habitans n'ont besoin que de suivre machinalement une habitude anciennement contractée pour s'opposer aux attentats que le gouvernement se permet contre l'indépendance des individus et la liberté de la presse !

Pourrions-nous parler de Newton sans faire observer qu'il reçut du gouvernement, à titre de récompense, le grade de maître des monnoies ; que dès lors ce citoyen du monde ne fut plus qu'un Anglais, qui concentra ses forces sur l'emploi qui lui fut confié ; et que cet astre radieux par lui - même, fut présenté à la multitude comme un corps opaque employé à réfléchir les rayons de la lumière royale,

Disons - le hardiment ; tous les hommes de génie auxquels on donnera des places dans les gouvernemens , perdront en réalité comme en considération ; car pour remplir les devoirs de leur place , ils négligeront des travaux plus importans pour l'humanité ; ou s'ils ne peuvent résister à l'impulsion du génie , ils négligeront souvent les devoirs de leur place.

On ne peut éviter cette double chance également fâcheuse pour l'humanité , pour les gouvernemens, et pour les hommes de génie , qu'en laissant ceux - ci à la seule place que leur assigne l'intérêt bien entendu de tous ; il faut qu'ils restent *eux - mêmes* , et que l'humanité se pénètre fortement de cette vérité , qu'ils lui sont donnés pour

être ses flambeaux , et non pour
être vendus à des intérêts particuliers qui les avilissent et qui les détournent de leurs véritables fonctions.

Le nombre des hommes de génie n'est pas assez considérable
pour les détourner de leurs travaux,
en les sortant de leur sphère. L'auteur sachant combien la nature en
est avare , ne propose qu'une ving-
taine de places pour toute l'humanité. Si pour occuper une de ces
places , il falloit indispensablement
être homme de génie , il en résulte-
roit que souvent il s'en trouveroit
de vacantes.

J'approuve l'élection annuelle ,
avec la faculté de réélire : Par ce
moyen , les hommes d'un génie

transcendant seront à vie , et ceux qui par leur capacité s'en rapprochent le plus , seront stimulés autant que possible.

Le mode d'élection est tel , qu'il est impossible aux passions particulières d'acquérir la force suffisante pour dominer l'intérêt général.

Voilà, mon ami , les premières sensations que la lecture du projet a fait naître en moi : Maintenant je vous ferai deux questions :

Le projet sera-t-il adopté ?

Si le projet est adopté , remédiera-t-il aux maux présens de l'humanité , maux dont la prudence m'interdit de parler ?

B 3

RÉPONSE.

Je vous remercie , mon ami , de tout ce que vous me dites d'obligeant en ma qualité d'auteur du projet que je vous ai communiqué. La manière vigoureuse dont votre approbation est motivée dans l'opinion que vous avez pris la peine de mettre par écrit , doit produire un grand effet sur les lecteurs ; cette observation calmera , j'espère , l'inquiétude que vous me témoignez de voir mon projet n'être point adopté. J'ai adressé ce projet directement à l'humanité , parce qu'il l'intéresse collectivement , mais je ne me suis point laissé aller à la folle espérance de la voir se livrer subitement à son exécution ; j'ai toujours pensé que le succès dépendroit de l'action plus ou moins vive que les personnes ayant une grande influence sur elle, se détermineroient à exercer dans cette occasion : Pour obtenir leurs suffrages , le meilleur moyen est d'éclaircir la question autant que possible ; c'est le but que je me propose en m'adressant à différentes fractions de l'humanité que je divise en trois classes : la première, (celle à laquelle vous et moi avons l'honneur d'appartenir), marche sous l'étendart des progrès de l'esprit humain ; elle est composée des savans , des artistes et de tous les hommes qui ont des idées libérales. Sur la bannière de la seconde , il est écrit, point d'*innovation* ; tous les propriétaires qui n'entrent point dans la première sont attachés à la seconde.

La troisième qui se rallie au mot *égalité*, renferme le surplus de l'humanité.

Je dirai à la première classe : Toutes les personnes auxquelles j'ai parlé du projet que je présente à l'humanité, après une discussion en général assez courte, ont fini par l'approuver; toutes m'ont dit qu'elles en desiroient le succès, mais toutes aussi m'ont laissé appercevoir la crainte que ce projet ne réussît point.

D'après la conformité qui s'est manifestée dans leurs opinions, il me paroît vraisemblable que je trouverai tous les hommes, ou au moins la majorité d'entr'eux, dans les mêmes dispositions. Si ce pressentiment se réalise, la force d'inertie sera la seule qui s'opposera à mes vues.

Savans artistes, et vous aussi qui employez une partie de vos forces et de vos moyens aux progrès des lumières, vous êtes la partie de l'humanité qui avez le plus d'énergie cérébrale, vous êtes celle qui avez le plus d'aptitude à recevoir une idée neuve, vous êtes les plus directement intéressés aux succès de la souscription, c'est à vous à vaincre la force d'inertie. Allons, mathématiciens, puisque vous êtes en tête, commencez :

Savans, artistes, regardez avec l'œil du génie la situation actuelle de l'esprit humain ; vous verrez que le sceptre de l'opinion publique est entré dans vos mains ;

saisissez-le donc vigoureusement ;
vous pouvez faire votre bonheur
et celui de vos contemporains ; vous
pouvez préserver la postérité des
maux que nous avons souffert et
de ceux que nous endurons encore :
Souscrivez tous.

Je tiendrai ensuite ce langage
aux propriétaires de la seconde
classe.

MESSIEURS,

En comparaison des non-propriétaires vous êtes très-peu nombreux :
Comment se fait-il donc qu'ils se
soumettent à vous obéir ? C'est par
la raison que la supériorité de vos
lumières vous donne sur eux le
moyen de faire une combinaison
de vos forces, qui vous procure

ordinairement l'avantage dans la lutte qui, par la nature des choses, existe nécessairement toujours entr'eux et vous.

Ce principe une fois posé, il est évidemment de votre intérêt de mettre dans votre parti les non-propriétaires qui, par des découvertes capitales, constatent la supériorité de leur intelligence ; il est également évident que l'intérêt étant général pour votre classe, chacun des membres qui la composent doit contribuer.

Messieurs, j'ai beaucoup vécu avec les savans et avec les artistes, je les ai bien observés dans l'intimité, et je puis vous assurer que ces gens-là vous pousseront jusqu'au point auquel vous vous déterminerez à faire les sacrifices d'amour-propre et d'argent nécessaires pour mettre leurs chefs en première ligne de considération dans l'humanité, et pour leur fournir les moyens pécuniaires dont ils ont besoin pour l'exploitation complète de leurs idées. J'aurois, Messieurs, vis-à-vis de vous un tort d'exagération, si je vous laissois croire que j'ai trouvé l'intention dont je vous parle, précisée dans la tête des savans et des artistes : Non, Messieurs, non, je puis même vous dire qu'elle n'y a qu'une existence très-vague ; mais je me suis assuré, par une longue suite d'observations, de la réalité de son existence et de l'influence qu'elle exerce sur toutes leurs conceptions.

Tant que vous n'adopterez pas,

Messieurs, la mesure que je vous propose, vous serez exposés chacun dans votre pays à des malheurs de la nature de ceux que vient d'éprouver en France la portion de votre classe qui s'y trouvoit établie. Pour vous convaincre de ce que je vous dis, il vous suffira de réfléchir sur la marche des événemens qui se sont passés dans cette contrée, depuis 1789. Le premier mouvement populaire y a été sourdement excité par les savans et par les artistes : Dès que l'insurrection par son succès a eu pris un caractère de légitimité, il s'en déclarèrent les chefs, la résistance qu'ils éprouvèrent dans la direction qu'ils donnoient à cette insurrection, (celle de détruire toutes les institutions qui blessoient leur amour-propre) les poussa à exalter de plus en plus la tête des ignorans, et à rompre tous les liens de subordination qui contenoient les fougueuses passions des non-propriétaires ; ils réussirent à faire ce qu'ils vouloient, toutes les institutions qu'ils avoient eu primitivement l'intention de renverser furent nécessairement culbutées ; en un mot, ils gagnèrent la bataille et vous la perdites : Cette victoire a couté cher aux vainqueurs ; mais vous qui avez été vaincus, vous avez encore bien plus souffert. Quelques savans et quelques artistes, victimes de l'insubordination de leur armée, ont été massacrés par leurs propres soldats, sous le rapport moral ils ont tous eu à supporter les reproches que vous leur avez fait, avec une apparence de fondement d'être les auteurs des atrocités commises contre vous, et des désordres de toute espèce que l'impulsion barbare de l'ignorance faisoit commettre à leur troupe.

Le mal porté à son comble, le remède devint possible : Vous n'opposiez plus de résistance, les savans et les artistes éclairés par l'expérience, et reconnaissant votre supériorité en lumières sur les non - propriétaires , (1) désiroient voir rentrer dans vos mains, la portion de pouvoir nécessaire pour rendre à l'organisation sociale son action régulière. Les non-propriétaires avoient supporté presque en totalité le poids de la famine,

---

(1) J'engage le lecteur à peser cette observation : Les propriétaires commandent aux non - propriétaires, non , parce qu'ils ont les propriétés , mais ils ont les propriétés , et ils commandent parce que collectivement pris ils ont supériorité de lumière sur les non-propriétaires.

que les mesures extravagantes auxquelles ils s'étoient livrés avoient
fait naître. Ils étoient mattés.

La population de France, quoiqu'amenée par la force des choses
à un desir vif du retour de l'ordre,
ne pouvoit être réorganisée socia-
lement que par un homme de génie, Buonaparte l'a entrepris, il y
a réussi.

Parmi les idées que je viens
de vous présenter, j'ai émis celle
que vous aviez perdu la bataille;
s'il vous restoit quelque doute à
ce sujet, comparez la portion de
considération et d'aisance qui se
trouve maintenant en France entre les mains des savans et des
artistes, avec celle dont ils y jouis-
soient avant 1789.

Evitez, Messieurs, d'avoir querelle avec ces-gens là, car vous serez battus dans toutes les guerres que vous leur laisserez l'occasion d'engager avec vous, vous souffrirez davantage qu'eux pendant les hostilités, et la paix vous sera désavantageuse : Donnez-vous le mérite de faire de bonne grace, une chose que tôt ou tard, les savans, les artistes, et les hommes ayant des idées libérales, réunis aux non-propriétaires vous feroient faire de force ; souscrivez tous, c'est le seul moyen que vous ayez pour prévenir les maux dont je vous vois menacés.

Puisque cette matière est entamée, ayons le courage de ne pas l'abandonner, sans donner un coup-d'œil à la situation politique de la partie la plus éclairée du globe.

En Europe l'action des Gouvernemens n'est dans ce moment troublée par aucune opposition ostensible de la part des gouvernés ; mais vu l'état des opinions en Angleterre, en Allemagne, en Italie, il est facile de prédire que ce calme ne sera pas de longue durée, si les précautions nécessaires ne sont pas prises à temps ; car, Messieurs, il ne faut pas vous dissimuler que la crise dans laquelle se trouve l'esprit humain, est commune à tous les peuples éclairés, et que les symptômes que l'on a observés en France, au milieu de l'épouvantable explosion qui s'y est manifestée, sont dans ce moment apperçus par l'observateur intelligent, chez les Anglais et même chez les Allemands.

Messieurs, en adoptant le projet que je vous propose, vous réduirez les crises que ces peuples sont appellés à essuyer (sans qu'aucune force au monde puisse l'empêcher) à de simples changemens dans leur gouvernement et dans leurs finances, et vous leur éviterez cette fermentation générale que la population française a éprouvée, espèce de fermentation pendant laquelle tous les rapports existans entre les individus de la même nation, devenant précaires, l'anarchie, le plus grand de tous les fléaux, exerce librement ses ravages, jusqu'à ce point auquel l'état de misère dans lequel elle plonge toute la nation sur laquelle elle s'appésantit, fait naître dans l'ame des plus ignorans de ses membres le desir du rétablissement de l'ordre.

J'aurois l'air, Messieurs, de douter de votre intelligence, si j'ajoutois de nouvelles preuves à celles que je viens de vous soumettre, pour vous prouver qu'il est de votre intérêt d'adopter la mesure que je vous propose, sous le rapport des maux qu'elle peut vous éviter.

C'est avec plaisir que je vous présenterai maintenant ce projet sous un point de vue flatteur pour votre amour-propre, considérez-vous comme les régulateurs de la marche de l'esprit humain ; vous pouvez jouer ce rôle ; car si , par la souscription , vous donnez aux hommes de génie, considération et aisance , une des conditions insérées dans cette souscription privant les élus d'occuper aucune place dans les Gouvernemens, vous vous garantirez ainsi que le reste de l'humanité de l'inconvénient qu'il y auroit à placer un pouvoir actif dans leurs mains.

L'expérience a prouvé qu'aux conceptions neuves, fortes et justes, qui servent de bases aux découvertes, il se trouve ordinairement, au moment de leur naissance, des idées très vicieuses mêlées ; malgré cela, souvent l'inventeur, s'il en étoit le maître, en exigeroit l'exécution. Ceci est un cas particulier d'inconvénient, mais il en existe un absolument général que je vais vous présenter : Toutes les fois qu'une découverte, pour être mise en pratique, a besoin d'habitudes différentes que celles existantes à l'époque à la-

quelle elle paroit, c'est un trésor
dont la génération qui l'a vu naître ne doit jouir que par le sen-
timent d'affection qu'elle porte à
la génération appellée à en profiter.
Je termine le petit discours que je
me suis permis de vous adresser,
en vous disant, Messieurs, si vous
restez dans la seconde classe, c'est
que vous le voulez bien, car vous
êtes les maîtres de monter dans la
première.

Parlant ensuite à la troisième
classe :

MES AMIS,

En Angleterre, il y a beaucoup
de savans : Les Anglais instruits,
ont plus de respect pour les savans
que pour les rois ; tout le monde

sait lire, écrire et compter en Angleterre; eh bien, mes amis! dans ce pays, les ouvriers des villes et même ceux des campagnes, mangent de la viande tous les jours.

En Russie, quand un savant déplait à l'Empereur, on lui coupe le nez et les oreilles et on l'envoie en Sibérie. En Russie, les paysans sont aussi ignorans que leurs chevaux; eh bien, mes amis! les paysans Russes sont mal nourris, mal vêtus, et reçoivent force coups de bâtons.

Jusqu'à présent les gens riches n'ont guère eu d'autres occupations que celles de vous commander, forcez-les à s'éclairer et à vous instruire; ils font travailler vos bras

pour eux, faites travailler leurs têtes
pour vous ; rendez-leur le service de
les décharger du pesant fardeau de
l'ennui ; ils vous payent avec de l'argent, payez les avec de la considération ; c'est une monnoie bien
précieuse que celle de la considération, heureusement que le plus
pauvre en possède un peu ; dépen-
sez bien celle qui se trouve à votre
disposition , et votre sort s'amé-
liorera promptement. Pour vous
mettre à portée de juger le conseil que je vous donne, pour vous
faire appercevoir les avantages qui
peuvent résulter de la mise à exécution du projet que je présente
à l'humanité, il est nécessaire que
j'entre dans quelques détails ; je
me bornerai à ceux qui me paroî-
tront indispensables.

Un

Un savant, mes amis, est un homme qui prévoit ; c'est par la raison que la science donne le moyen de prédire qu'elle est utile, et que les savans sont supérieurs à tous les autres hommes. Tous les phénomènes dont nous avons connoissance, ont été partagés en différentes classes : Voici une manière de les diviser qui a été adoptée. Phénomènes astronomiques, physiques, chymiques, physiologiques. Tout homme qui se livre aux sciences, s'attache plus particulièrement à une de ces parties qu'aux autres. Vous connoissez quelques-unes des prédictions que font les astronomes, vous savez qu'ils annoncent les éclipses, mais ils font une multitude d'autres prédictions dont vous ne vous occupez pas, et dont je ne chercherai pas à vous entrete-

C

nir ; je me bornerai à vous dire deux mots de l'emploi qu'on en fait, l'utilité vous en est bien connue. C'est par le moyen des prédictions des astronomes qu'on est venu à bout de déterminer, d'une manière exacte, la position respective des différens points de la terre ; ce sont aussi leurs prédictions qui donnent les moyens de naviguer sur les mers les plus étendues : Vous êtes familiers avec quelques-unes des prédictions des chymistes. Un chymiste vous dit qu'avec telle pierre vous ferez de la chaux, et qu'avec telle autre vous ne pourrez pas en faire ; il vous dit qu'avec telle quantité de cendres, provenant d'un arbre de telle espèce, vous blanchirez aussi bien votre linge que vous pourriez le faire avec une quantité tant de fois plus considérable , provenant d'un arbre de telle autre espèce; il vous dit que telle substance , mélangée avec telle autre , donnera un produit qui aura telle apparence , et qui jouira de telle qualité.

Le physiologiste, (il s'occupe des phénomènes des corps organisés) le physiologiste , dans le cas par exemple où vous êtes malade , vous dit : Vous éprouvez telle chose aujourd'hui , eh bien demain vous serez dans tel état.

N'allez pas croire que je desire vous donner l'idée que les savans peuvent tout prévoir; non sûrement ils ne peuvent pas tout prévoir, et je suis même certain qu'ils ne peuvent prédire avec exactitude qu'un très-petit nombre de choses;

mais vous êtes convaincus tout comme moi, que les savans, chacun dans leur partie, sont les hommes qui peuvent prédire le plus de choses ; et cela est bien certain, puisqu'ils n'acquièrent la réputation de savans, que par les vérifications qui se font de leurs prédictions ; c'est au moins ainsi que cela se passe aujourd'hui, il n'en a pas toujours été de même : Ceci exige que nous donnions un coup - d'œil aux progrès de l'esprit humain ; malgré les efforts que je vais faire pour m'exprimer clairement, je ne suis pas parfaitement sûr que vous m'entendiez à la première lecture, mais en y réfléchissant un peu vous en viendrez à bout.

Les premiers phénomènes que l'homme ait observé d'une manière

suivie, ont été les phénomènes astronomiques; il y a une bonne
raison pour qu'il ait commencé par
ceux-là, c'est qu'ils sont les plus
simples. Dans le commencement des
travaux astronomiques, l'homme
mêloit les faits qu'il observoit avec
ceux qu'il imaginoit, et dans ce
galimathias élémentaire, il faisoit
les meilleures combinaisons qu'il
pouvoit pour satisfaire toutes les
demandes de prédiction, il s'est
successivement débarrassé des faits
créés par son imagination, et après
bien des travaux, il a fini par adopter une marche certaine pour perfec-
tionner cette science. Les astronomes n'ont plus admis que les faits
constatés par l'observation, ils ont
choisi le systême qui les lioit le
mieux, et depuis cette époque ils
n'ont plus fait faire de faux pas à

la science : Produit-on un systême nouveau, ils verifient avant de l'admettre, s'il lie mieux les faits que celui qu'ils avoient adopté : Produit-on un fait nouveau, ils s'assurent par l'observation si ce fait existe.

L'époque dont je parle (la plus mémorable que présente l'histoire des progrès de l'esprit humain), est celle à laquelle les astronomes ont chassé les astrologues de leur société : Une autre remarque qu'il faut que je vous fasse, c'est qu'à partir de cette époque, les astronomes sont devenus modestes, bonnes gens, ne cherchant plus à paroître savoir ce qu'ils ignoroient, et que de votre côté vous avez cessé de leur faire la demande impertinente de lire votre destinée dans les astres.

Les phénomènes chymiques étant plus compliqués que les phéno- ménes astronomiques , l'homme ne s'en est occupé que long-tems après. Dans l'étude de la chymie il est tombé dans les fautes qu'il avoit commises dans l'étude de l'astrono- mie; mais enfin les chymistes se sont débarrassés des alchymistes.

La physiologie se trouve encore dans la mauvaise position par la- quelle ont passé les sciences astro- logiques et chymiques; il faut que les physiologistes chassent de leur société les philosophes , les mora- listes et les métaphysiciens, comme les astronomes ont chassé les astro- logues , comme les chymistes ont chassé les alchymistes. (1)

_____

(1) Je n'ai pas l'intention de dire que les philosophes , les moralistes et les métaphy-

Mes amis, nous sommes des corps
organisés ; c'est en considérant com-

---

siciers n'ont pas rendu de service à la physiologie ; mais il est bien connu que les astrologues ont été utiles à l'astronomie, que les
alchymistes ont fait une grande partie des
découvertes chymiques ; et cependant tout
le monde pense que les astronomes ont fait
une bonne opération en se séparant des
astrologues, et les chymistes une également
bonne en se débarrassant des alchymistes.

Il reste une idée à éclaircir : Les occupations principales des philosophes, des moralistes, des métaphysiciens, sont d'étudier les
rapports qui existent entre les phénomènes
appellés physiques et ceux appellés moraux :
Quand ils ont du succès dans cette partie,
leurs travaux doivent s'appeler physiologiques ; mais ils cherchent aussi à lier tous les
faits observés par un systême général ; il m'est
démontré que cela sera impossible jusqu'à
l'époque à laquelle la physiologie sera mise
dans l'ordre que j'ai détaillé au sujet de l'astronomie.

me phénomènes physiolo g iques no
rélations sociales , que j'ai conçu le
projet que je vous présente, et c'est
par des considérations puisées dans
le système que j'emploie pour lier
les faits physiologiques., que je vais
vous démontrer que le projet que
je vous présente est bon.

J'ajouterai que les mathématiques contien-
nent les seuls matériaux qu'on puisse employer
à la construction d'un système général , et
que si le calcul est impossible à appliquer aux
phénomènes qu'on ne peut pas ramener à des
considérations très-simples , il ne me paroît
pas qu'on doive par cette raison renoncer à
l'espoir de ratacher , par des apperçus satisfai-
sans, les idées qui servent de bases aux théo-
ries des différentes branches de la physique ,
à l'idée de la pesanteur universelle.

Mes amis , cette note est destinée aux
savans , il n'est point nécessaire du tout que
vous la compreniez pour juger sainement le
projet de souscription qui vous est présenté.

Un fait constaté par une longue série d'observations, c'est que chaque homme éprouve à un degré plus ou moins vif le desir de dominer tous les autres hommes. (1) Une chose claire par le raisonnement, c'est que tout homme qui n'est pas isolé, se trouve actif et passif en domination dans ses rélations avec les autres, et je vous engage à faire usage de la petite portion de domination que vous exercez sur les gens riches...... Mais avant que d'aller plus loin, il faut que j'examine avec vous une chose qui vous chagrine beau-

---

(1) Deux routes peuvent mener un homme à une position de supériorité : une de ces routes est commune à l'intérêt particulier et à l'intérêt géneral ; mon but est d'embellir cette route, et de semer quelques épines sur l'autre.

coup : vous dites , *nous sommes dix fois,vingt fois,cent fois plus nombreux que les propriétaires , et cependant les propriétaires exercent sur nous une domination bien plus grande que celle que nous exerçons sur eux* : Je conçois , mes amis, que vous soyez très-contrariés , mais remarquez que les propriétaires , quoiqu'inférieurs en nombre , possèdent plus de lumières que vous ; et que pour le bien général , la domination doit être repartie dans la portion des lumières : Regardez ce qui est arrivé en France pendant le temps que vos camarades y ont dominé , ils y ont fait naître la famine.

Revenons au projet que je vous propose : En l'adoptant , et en en maintenant l'exécution , vous mettrez constamment entre les mains

des vingt-un hommes de l'humanité
qui auront le plus de lumières , les
deux grands moyens de dominer ;
la considération et l'argent : Il en
résultera par mille raisons que les
sciences feront des progrès rapides :
Il est reconnu qu'à chaque pas que
les sciences font en avant , leur
étude devient plus facile ; ainsi ceux
qui , comme vous , ne peuvent con-
sacrer que peu de temps à leur éducation , pourront apprendre plus de
choses , et en devenant plus instruits ils diminueront la portion de
domination exercée sur eux par les
riches. Vous ne tarderez pas , mes
amis, à voir de beaux résultats; mais
je ne veux pas employer le temps à
vous parler de ce qui se trouve à
quelques distances sur une route
dans laquelle vous n'êtes pas encore
déterminés à entrer. Jasons de ce

qui existe dans ce moment sous vos yeux.

Vous accordez considération , c'est-à-dire vous donnez volontairement une portion de domination sur vous aux hommes qui font des choses que vous jugez vous être utiles ; un tort que vous partagez avec toute l'humanité , c'est de n'avoir pas tracé une ligne de démarcation suffisamment exacte entre les choses d'une utilité momentanée et celles d'une utilité durable ; entre celles d'un intérêt local et celles d'un intérêt général , entre celles qui procurent des avantages à une portion de l'humanité aux dépens du surplus , et celles qui augmentent le bonheur de toute l'humanité : Enfin vous n'avez pas encore bien remarqué qu'il n'existe qu'un seul intérêt commun à tous les hommes, celui du progrès des sciences.

Le Maire de votre village vous procure-t-il un avantage sur les villages voisins ? Vous êtes enchantés de lui, vous le considérez ; les habitans des villes manifestent de la même manière le desir d'exercer leur supériorité sur les villes des environs ; les provinces rivalisent entr'elles, et il existe entre les nations, pour leur intérêt personnel, des luttes que l'on appelle guerres. (1)

_____

(1) Les moralistes se mettent en contradiction quand ils défendent à l'homme l'égoïsme, et qu'ils approuvent le patriotisme ; car le patriotisme n'est pas autre chose que l'égoïsme national ; et cet égoïsme fait commettre de nation à nation les mêmes injustices que l'égoïsme personnel entre les individus.

Dans les efforts faits par toutes ces
fractions de l'humanité, quelle est

————— ——— —— —————

Les opinions sont encore partagées sur la
question de l'égoïsme : quoique la discussion
soit ouverte sur ce sujet, et suivie avec cha-
leur depuis le commencement du monde ;
la solution du problême consiste à ouvrir
une route qui soit commune à l'intérêt particulier et à l'intérêt général.

La conservation des corps organisés tient
à l'égoïsme ; tous les efforts pour combiner
les intérêts des hommes sont des tentatives
faites dans une bonne direction ; toute la
partie des raisonnemens des moralistes qui
dépasse la combinaison des intérêts, et qui
tend à détruire l'égoïsme, présente une série
d'erreur dont il est facile de reconnoître la
cause. *Les moralistes prennent souvent les
mots pour les choses.*

La première génération de l'humanité a été
celle dans laquelle il y a eu le plus d'égoïsme
personnel, puisque les individus ne combi-
noient point leurs intérêts.

la portion qui a une tendance directe au bien général? Elle est bien petite en vérité ; et cela n'est pas étonnant, puisque l'humanité n'a pris encore aucune mesure pour accorder collectivement des récompenses à ceux qui réussissent à faire des travaux d'une utilité générale. Pour réunir autant que possible , en un seul faisceau toutes ces forces agissant dans des directions si variées, et souvent contraires ; pour les ramener autant que possible à la seule direction qui puisse améliorer le sort de l'humanité , je ne crois pas qu'on puisse trouver un meilleur moyen que celui que je vous propose. En voilà pour ce moment assez sur les savans : Parlons des artistes.

Les Dimanches , l'éloquence a pour vous des charmes, vous avez du plaisir à lire un livre bien écrit, à voir de beaux tableaux, de belles statues, ou bien encore à entendre une musique capable de fixer votre attention : Pour parler ou pour écrire d'une manière qui vous amuse, pour faire un tableau ou une statue qui vous plaise, pour composer de la musique qui vous intéresse, il faut beaucoup travailler. N'est-il pas bien juste, mes amis, que vous récompensiez les artistes qui remplissent l'intervale de vos occupations par les plaisirs les plus propres à développer votre intelligence, en l'exerçant sur les nuances les plus délicates de vos sensations ?

Souscrivez tous, mes amis : quelque peu d'argent que vous mettiez à la souscription, vous êtes si nombreux que la somme totale sera considérable ; d'ailleurs la considération dont se trouveront investis ceux que vous nommerez, leur donnera une force incalculable. Vous verrez comme les gens riches se démèneront pour se distinguer dans les sciences et dans les arts, lorsque cette route conduira au plus haut degré de considération. Quand vous n'y gagneriez que de les détourner des querelles que le désœuvrement fait naître entr'eux, seulement pour savoir quelle quantité d'entre vous se trouvera sous leurs ordres, (querelles dans lesquelles ils vous mêlent toujours, et dont vous êtes toujours les dupes), ce seroit déjà beaucoup.

Si vous admettez mon projet, il y aura une chose qui vous embarassera, ce sont les choix : Je vais vous dire, mes amis, la marche que je suivrai pour faire les miens. Je demanderai à tous les mathématiciens que je connois, quels sont, à leur jugement, les trois meilleurs mathématiciens, et je nommerai les trois mathématiciens qui auront obtenu le plus de voix de la part des personnes que j'aurai consultées. Je ferai de même pour les physiciens etc.

———————————

Après avoir divisé l'humanité en trois fractions, et avoir présenté à chacun d'elles les raisons qui me paroissent devoir les engager à adopter le projet, je vais maintenant, mon ami, m'adresser à mes contemporains collectivement, pour leur présenter les réflexions que j'ai faites sur la révolution Française.

La suppression des privilèges de naissance, qui a exigé des efforts qui avoient rompu les liens de l'organisation sociale, n'a point été un obstacle à la réorganisation sociale; mais l'appel qui avoit été fait à tous les membres de la société de remplir fréquemment les fonctions de délibérans, a été sans succès : Indépendamment des atrocités épouvantables que cette application du principe d'égalité (1) a fait commettre par l'effet bien naturel qu'elle a produit, celui de mettre le pou-

_____

(1) Les révolutionnaires ont fait application aux Nègres des principes d'égalité : s'ils avoient consulté les physiologistes, ils auroient appris que le Nègre, d'après son organisation, n'est pas susceptible à condition égale d'éducation, d'être élevé à la même hauteur d'intelligence que les Européens.

voir entre les mains des ignorans ;
elle a fini par engendrer une forme
de gouvernement absolument impra-
ticable , par la raison que les gouvernans (tous payés enfin d'admettre les non - propriétaires) étoient
tellement multipliés , que le travail
des gouvernés pouvoit à peine suf-
fire à les nourrir , ce qui menoit à
un résultat absolument opposé au de
sir le plus constant des non-propriétaires, celui de payer peu d'impôts.

Voici une idée qui me paroît juste:
Les premiers besoins de la vie sont
les plus impérieux ; les non-propriétaires ne peuvent les satisfaire qu'in-
complètement : Un physiologiste
voit clairement que leur desir le
plus constant doit être celui de la
diminution de l'impôt , ou de l'augmentation de salaire , ce qui revient
au même.

Je crois que toutes les classes de la société se trouveroient bien de cette organisation. Le pouvoir spirituel entre les mains des savans ; le pouvoir temporel entre les mains des propriétaires ; le pouvoir de nommer ceux appellés à remplir les fonctions de grands chefs de l'humanité, entre les mains de tout le monde ; pour salaire aux gouvernans la considération.

A demain, mon ami ; je crois qu'en voilà assez pour aujourd'hui.

Est - ce une apparition ? N'est - ce qu'un rêve ? Je l'ignore ; mais je suis certain d'avoir éprouvé les sensations dont je vais vous rendre compte.

La nuit dernière, j'ai entendu ces paroles :

Rome renoncera à la prétention d'être le chef-lieu de mon Église ; le Pape, les Cardinaux, les Evêques et les prêtres, cesseront de parler en mon nom ; l'homme rougira de l'impiété qu'il commet en chargeant de tels imprévoyans de me re-présenter.

J'avois défendu à Adam de faire la distinction du bien et du mal, il m'a désobéi ; je l'ai chassé du paradis, mais j'ai laissé à sa postérité un moyen d'appaiser ma colère : Qu'elle travaille à se per-fectionner dans la con-noissance du bien et du mal, et j'améliorerai son

sort ;

sort; un jour viendra que je ferai de la terre un paradis.

Tous ceux qui établi des religions en avoient reçu de moi le pouvoir, mais ils n'ont pas bien compris les instructions que je leur avois donné; ils ont tous cru que je leur avois confié ma Divine science, leur amour-propre les a conduit à tracer une ligne de démarcation entre le bien et le mal,

D

dans les actions les plus
minutieuses de la vie de
l'homme, et ils ont tous
négligé la partie la plus
essentielle de leur mis-
sion, celle de fonder un
établissement qui fit suivre à l'intelligence hu-
maine la route la plus
courte pour se rappro-
cher indéfiniment de ma
Divine prévoyance ; ils
ont tous oublié de pré-
venir les ministres de mes
autels que je leur retire-

rois le pouvoir de parler en mon nom , quand ils cesseroient d'être plus savans que le troupeau qu'ils conduiroient, et qu'ils se laisseroient dominer par le pouvoir temporel.

Apprends que j'ai placé *Newton* à mes côtés, que je lui ai confié la direction de la lumière et le commandement des habitans de toutes les planètes : Apprends aussi que l'homme qui s'est montré le plus grand ennemi des lumières, (*Robespierre*) a été précipité dans les ténèbres, et que sa destinée est d'y rester éternellement, agent et patient de mes vengeances.

La réunion des vingt-un élus de l'humanité, prendra le nom de conseil de Newton ; le conseil de Newton me représentera sur la terre ; il partagera l'humanité en quatre divisions, qui s'appelleront Anglaise, Française, Al-

lemande, Italienne: Cha-
cune de ces divisions aura
un conseil composé de
même que le conseil en
chef. Tout homme, quel-
que partie du globe qu'il
habite, s'attachera à une
de ces divisions, et sous-
crira pour le conseil en
chef, et pour celui de sa
division. Tout homme qui
n'obéira pas à ce com-
mandement sera consi-
déré et traité par les autres comme un quadru-
pède. Les femmes seront

admises à souscrire; elles pourront être nommées. Les fidèles, après leur mort, seront traités comme ils auront mérité de l'être pendant leur vie.

Les membres des conseils de division n'entreront en fonction qu'après en avoir reçu l'autorisation du conseil en chef; ce conseil n'admettra point ceux qu'il ne jugera pas à la hauteur des connoissances les plus transcendantes , acquises dans la partie pour laquelle ils auront été élus.

Les habitans d'une partie du globe quelconque, quelque soit sa situation et sa dimension , pourront à quelque époque que ce soit, se déclarer section d'une des divisions , et élire un conseil particulier de Newton ; les membres de ce conseil ne pourront entrer en fonction qu'après en avoir reçu l'autorisation du conseil de division : Il y aura une députation perma-nente de chacun des conseils de divisions auprès du conseil en chef ; il y en aura une également de chaque conseil de section, auprès du conseil de sa division ; ces députa-tions seront composées de sept membres; un de chaque classe.

Dans tous les conseils, le mathématicien qui aura obtenu le plus de voix présidera.

Tous les conseils seront partagés en deux divisions ; la première sera composée des quatre premières classes , et la seconde des trois dernières. Lorsque la seconde division s'assemblera séparément , elle sera présidée par le littérateur qui aura obtenu le plus de voix.

Chaque conseil fera bâtir un temple qui contiendra un mausolée en l'honneur de Newton : ce temple sera divisé en deux parties ; l'une qui contiendra le mausolée, sera embellie par tous les moyens que les artistes pourront inventer ; l'autre sera construite et décorée de manière à donner aux hommes une idée du séjour destiné pour une éternité à ceux qui nuiront aux progrès des sciences et des arts. Par le mausolée de Newton on descendra

dans un temple souter-
rain.

La première division
réglera le culte intérieur
du mausolée ; nuls mor-
tels autres que les mem-
bres des premières divi-
sions des conseils ne pourront descendre dans le
temple souterrain , sans
un ordre exprès du pré-
sident.

La seconde division du
conseil réglera le culte
extérieur ; elle le combi-

nera d'une manière qui
présente un spectacle ma-
jestueux et brillant. Tous
les services distingués ren-
dus à l'humanité , toutes
les actions qui auront été
grandement utiles à la
propagation de la foi, seront honorées; le conseil
réuni déterminera les honneurs qui seront accordés.

Tout fidèle qui se trou-
vera éloigné de moins
d'une journée de marche
d'un temple , descendra

une fois par an dans le mausolée de Newton, par une ouverture consacrée à cette destination : Les enfans y seront apportés par leurs parens le plutôt possible après leur naissance. Toute personne qui n'exécutera pas ce commandement sera regardée par les fidèles comme un ennemi de la Religion.

Si Newton juge qu'il soit nécessaire, pour remplir mes intentions, de

transporter dans une au-
tre planète le mortel des-
cendu dans son mausolée,
il le fera.

Dans les environs du
temple, il sera bâti des
laboratoires, des ateliers,
et un collège : Tout le
luxe sera réservé pour le
temple ; les laboratoires ,
les ateliers, le collège, les
logemens des membres du
conseil , et ceux destinés
à recevoir les députations
des autres conseils, seront

construits et décorés dans
un mode simple. La bi-
bliothèque ne contiendra
jamais plus de cinq cents
volumes.

Tous les ans chaque
membre du conseil nom-
mera cinq personnes.

1°. Un adjoint, qui aura
droit de séance, et voix
délibérative, en l'absence
du membre par lequel il
aura été nommé.

2°. Un ministre du cul-
te, destiné à officier dans

les grandes cérémonies ,
pris dans les cinq cents
plus forts souscripteurs.

3°. Une personne ayant
par ses travaux été utile
aux progrès des sciences
et des arts.

4°. Une personne ayant
fait des applications utiles des sciences et des arts.

5°. Une personne à la-
quelle ils voudront don-
ner une preuve d'affec-
tion particulière.

Ces nominations ne seront valables qu'après avoir été admises par la majorité du conseil ; elles auront lieu tous les ans ; et les personnes en faveur desquelles elles seront faites, n'en jouiront que pendant un an ; elles pourront être réélues.

Le président de chaque conseil fera la nomination d'un gardien du territoire sacré qui renfermera le temple et ses dépendan-

ces. Le gardien du terri-
toire sacré sera chargé de
la police, il sera trésorier,
et il administrera les dé-
penses; le tout sous les ordres du conseil; ce gardien
sera pris dans les cent plus
forts souscripteurs; il aura
droit de séance dans le
conseil ; sa nomination
ne sera valable qu'après
avoir été approuvée par
la majorité du conseil.

Il sera établi des mar-
ques distinctives pour les

membres des conseils et pour les personnes nom—mées par eux, ces mar—ques distinctives seront de nature à être ostensibles ou cachées, à la volonté de ceux qui auront le droit de les porter.

Le conseil en chef aura dans chaque division, un établissement, il résidera alternativement une an—née dans chaque division.

Un homme revêtu d'un

grand pouvoir , sera le fondateur de cette religion ; pour récompense il aura le droit d'entrer dans tous les conseils ; et celui de les présider : Il gardera ce droit toute sa vie, et à sa mort il sera enterré dans le tombeau de Newton. Les fidèles lui donneront le titre de capitaine des gardes de Newton.

Tous les hommes travailleront, ils se regarderont tous comme des ouvriers attachés à un atelier, dont les travaux ont pour but de rapprocher l'intelligence humaine de ma Divine prévoyance : Le conseil en chef de Newton dirigera les travaux, il fera ses efforts pour bien comprendre les effets de la pesanteur universelle ; elle est la loi unique à laquelle j'ai soumis l'Univers.

Le conseil en chef aura

le droit d'augmenter ou
de diminuer le nombre
des conseils de division.

Tous les conseils de
Newton respecteront la
ligne de démarcation qui
sépare le pouvoir spirituel
du pouvoir temporel.

Aussitôt que les élec-
tions du conseil en chef
et des conseils de division
auront été effectuées, le
fléau de la guerre aban-
donnera l'Europe pour
n'y jamais reparoître.

Apprends que les Européens sont les enfans d'Abel ; apprends que l'Asie et l'Afrique sont habitées par la postérité de Caën : Vois comme ces Africains sont sanguinaires, remarque l'indolence des Asiatiques; ces hommes impurs n'ont point donné de suite aux premiers efforts qu'ils ont faits pour se rapprocher de ma Divine prévoyance. Les Européens réuni-

ront leurs forces, ils déli-
vreront leurs frères Grecs
de la domination des
Turcs. Le fondateur de la
religion sera le directeur
en chef des armées des
fidèles : Ces armées sou—
mettront les enfans de
Caën à la religion, et feront sur toute la terre, les
établissemens nécessaires
à la sûreté des membres
des conseils de Newton ,
dans tous les voyages
qu'ils jugeront utiles de
faire

faire pour les progrès de
l'esprit humain.

Dors.

A mon réveil j'ai trouvé ce que
vous venez de lire très - distincte-
ment gravé dans ma mémoire.

E

SECONDE LETTRE.

C'EST Dieu qui m'a parlé : un homme auroit-il pu inventer une religion supérieure à toutes celles qui ont existé ? Il faudroit supposer qu'aucune d'elles n'a été instituée par la Divinité : Regardez comme le précepte est clair dans la religion qui m'a été révélée, voyez comme son exécution est assurée. L'obligation est imposée à chacun de donner constamment à ses forces personnelles une direction utile à l'humanité ; les bras du pauvre continueront à nourrir le riche, mais le riche reçoit le commandement de faire travailler sa cervelle, et si sa cervelle n'est pas propre au travail, il sera bien obligé de faire travailler

ses bras ; car Newton ne laissera
surement pas sur cette planète (une
des plus voisines du soleil) des ouvriers volontairement inutiles dans
l'atelier.

Nous ne verrons plus la religion
avoir pour ministres des hommes
pourvus du droit de nommer les
chefs de l'humanité , ce seront tous
les fidèles qui nommeront leurs gui-
des , qui les nommeront tous les
ans ; et les qualités auxquelles ils
reconnoîtront ceux que Dieu a appellés à le représenter , ne seront
plus d'insignifiantes vertus , telles
que la chasteté et la continence ; ce
seront les talens , ce sera le plus
haut degré de talens.

Je ne m'étendrai pas davantage
à ce sujet : tout homme qui croit à

E 2

la révélation sera nécessairement convaincu que Dieu seul a pu donner à l'humanité le moyen de forcer chacun de ses membres à suivre le précepte de l'amour du prochain.

P. S. Je compte vous écrire une lettre dans laquelle j'envisagerai la religion comme une invention humaine, je la considérerai comme étant la seule nature d'institution politique qui tende à l'organisation générale de l'humanité. Les risques auxquels je sens que je vais me trouver exposé pour vous avoir engagé à faire descendre les gouvernants en seconde ligne de considération, (1)

---

(1) Le pouvoir temporel descendra tout naturellement en seconde ligne de considération, quand le pouvoir spirituel rentrera dans les mains des savans.

m'engage à prendre la précaution
de vous communiquer sur-le-champ
l'idée la plus capitale de celles qui
doivent entrer dans le travail que
je vous annonce.

Faites la supposition que vous
avez acquis connoissance de la manière dont la matière s'est trouvée
repartie à une époque quelconque ,
et que vous avez fait le plan de
l'Univers , en désignant par des
nombres la quantité de matière qui
se trouvoit contenue dans chacune
de ses parties , il sera clair à vos
yeux qu'en faisant sur ce plan application de la loi de la pesanteur
universelle , vous pourriez prédire
(aussi exactement que l'état des
connoissances mathématiques vous
le permettroit) tous les changemens
successifs qui arriveroient dans l'U-
nivers.

Cette supposition placera votre intelligence dans une position dans laquelle tous les phénomènes se présenteront à elle sous les mêmes apparences ; car en examinant sur le plan de l'Univers la partie de l'espace occupée par votre individu vous ne trouverez point aux phénomènes que vous avez appellé moraux, et à ceux que vous avez appellé physiques, un caractère différent.

L'indication que je viens de vous donner est suffisante pour que l'idée soit entendue par les mathématiciens.

Me voilà bien content, mes chers contemporains, la partie la plus capitale de mon travail est arrivée à bon port, puisque je l'ai remise dans vos mains ; vous avez maintenant un plan d'organisation générale qui n'exige pour son exccution que de légers changemens aux habitudes contractées, puisqu'il n'offre dans toutes ses parties que des modifications aux idées admises : je viens de dire aux savans la position dans laquelle je me suis placé pour faire cette combinaison ; ainsi, quelque chose qui m'arrive, si ce que j'ai conçu est bon vous pourrez en tirer parti. En cas que force majeure m'empêche de faire le travail de rédaction des idées intermédiaires avec un peu de méditation, tout homme pour lequel la conception de la pesanteur universelle sera une sensation claire, et qui sera au courant des connoissances physiologiques (les observations sur les progrès de l'esprit humain comprises) pourra facilement les établir.

www.ingramcontent.com/pod-product-compliance
Lightning Source LLC
Chambersburg PA
CBHW052057270326
41931CB00012B/2788